Анатоль Івашчанка

НЕПРАМО(Ў)ЛЕНАЕ

Адабраныя вершы

Anatol Ivaščanka, *Unspoken: taken away poems.*

Skaryna Press
London
2024

Івашчанка, А.
Непрамо(ў)ленае : адабраныя вершы / Анатоль Івашчанка. – Лондан : Skaryna Press, 2024. – 99 с.

У новай паэтычнай кнізе Анатоля Івашчанкі сабраныя вершы, што ствараліся цягам апошніх дзесяці гадоў. Тры разьдзелы кнігі аб'ядноўвае вера ў тое, што нават пасярод вусьцішнае цёмнае моўчы Мова стаецца тым ахоўным абярэгам, сьцягам і шляхам, што выводзіць да сьвятла. Адрасуецца ўсім, каму не ўсё роўна.

ISBN 978-1-915601-34-6

Рэдактарка *Натальля Русецкая*
Мастачка *Яна Івашчанка*
Карэктар *Алесь Дуброўскі*
Дызайнер вокладкі *Зьміцер Шыла*
Тэхнічны рэдактар *Ігар Іваноў*

Copyright © Анатоль Івашчанка, 2024
Copyright © Skaryna Press, 2024

Сёстрам і братам,

якія тут і якія –

там...

I

ТЭХНІКА СПАЛЬВАНЬНЯ СТРАХУ

#з_хронікаў_[да]кавіднага_часу

ЗАХАВАЦЦА

*Ранкам 27-га дня чалавек выйшаў зь сябе.
Больш назад ён ужо не вярнуўся.*

Захавацца.
Дажыць
        да вясны.
Дагартаць
пералётныя сны.
Дапаліць
недапалены золак.
Дапісаць
кулямётнае сола.
Перабіць
усе стрэлкі,
        парогі,
                паролі.
Даіграць
зьненавідную [трэцюю]
                    ролю.
Выйсьці вонкі
зь сябе.
Й не вярнуцца
туды больш
ніколі.

Пералётныя сны – радок зь верша
Натальлі Русецкай.

ЭПІКРЫЗ

у гэтай прасторы ты кожнаму нештачка вінны
тут не разважаючы кідаюць кпіны у сьпіны
у цеснай задушлівай рубцы падводнае лодкі
бы пранцы пладзяцца бясконцыя цэркі ды плёткі

тут б'юць па сваіх (ды чужыя баяцца ня надта)
тут кожны кіруе уласным нябачным парадам
тут ганіць сьвятое здаўна ёсьць прыкметай эстэта
калі вы эстэт – запрашаем да нашага гета

тут прынцып спрадвечны: ня дзякуючы а насуперак
тут лялька вусатая лічыцца першай красуняю

тут слухаюць дупай, тут лесу з-за дрэваў ня бачаць
панылае чмо тут пачуецца казачным мáча

бязрукія плешчуць у ладкі, руіны страляюць
бязрукавы спраўна зьбіраюць паўнюткія залі

тут радыё рокс вызнае крымінальны шансон
а радыё стыль корміць піпл расейскай папсой

пасьля палітэху тут пішуць някепскую прозу
а хлопцы зь філфаку адточваюць форму даносу

тут вучаць у педах майстэрству мастацкага сьвісту
на мове гамэра тут допыт вядуць кадэбісты

тут хаза з баландай нярэдка мянуецца *дом*
тут перадаецца праз гены стакгольмскі сіндром

пасьля эпікрызу звычайна ідзе эпілог
ды скончым шматкроп'ем зацягнуты наш
                              маналог...

2015

БЕЛАЯ БАГІНЯ

строфы выкрочваюцца нагамі
словы закручваюцца ў арыгамі
новы хаўрус са старымі багамі
белая гіне багіня
пад намі
багна
заселеная ведзьмакамі
выспа
засьцеленая сьлімакамі
марная марнасьць
мары пра мора
хіба гэта хіба
га?
...
закаркаваныя
ў ранішніх трафіках
закатаваныя
працоўнымі графікамі
раней мы пісалі нарысы
цяперака – зводзім каштарысы
раней мы пісалі вершы
раней мы хадзілі пешшу...
паголеныя пачуцьці
аголеныя правады
хоць слоўца хачу пачуць ці
паўслоўца хоць –
праў-
ды

СІНЯВОКАЯ

Мая сінявокая сьмерць,
ці можаш пакуль не глядзець
у люстра задняга віду?
Бяз крыўдаў.

Мая басаногая сьмерць,
ці выйдзеш мяне сустрэць,
калі я вярнуся дахаты
а пятай?

Мая нешматслоўная сьмерць,
ці будзеш мяне разумець,
як здраджу я мове адзінай
з лацінай?

Мая адзінокая сьмерць,
ці зможаш мяне сагрэць,
палячы ў цемры двароў,
бяз слоў?

Мая сінявокая сьмерць
чарговую сьвечку задзьме
на торце сьвяточным маім.
Дзьмі, любая,
дзьмі...

РАНІШНЯЯ ПРАБЕЖКА
(ПА ФРЭНДСТУЖЦЫ)

Упырснуўшы ў вену навіны
гарачыя, з каваю ўперамежку,
перш як працоўны [ты]дзень пачаць,
як найхутчэй павінны мы
зьдзейсьніць па стужцы прабежку.

Даведацца, хто нарадзіўся,
хто акаціўся, а ў каго – дзіця,
хто сам зьдзяцінеў ушчэнт, а хто ажаніўся
і ў які сёньня бок ракеты ляцяць.

Хто апрануў вышыванку,
а хто яго/яе пасьпеў залажаць.
Хто *піражок* сьцягнуў, хто скраў *танка*,
а хто на танку едзе мір абвяшчаць.

Лайкнуць – справа абавязковая
(з карпаратыўнае этыкі) –
некалькі вершаў (ясна, іх не чытаючы):
хіба ж чаго накрэмзаць новага
здольныя гэтыя, бляха, паэты[кі].

Урэшце паставіць курсор
на поле
Што ў вас сягоньня на думцы.
Колькі хвілінаў [тупавата] паўзірацца
                             ў манітор

і напісаць:

*Ні храна, сябры.
Не крыўдуйце)*

2015

Піражок і *танка* – формы верша.

НЯ ТОЙ ПАЭТА

Ня той паэта, хто вершыкі піша,
ня той празаік, хто піша пра заек.
Цяперашнім часам пісака іншы
найболей зьбярэ падабаек.

Той, хто напіша *чоткі* пражэкт,
той, хто засвоіць найбольшы бюджэт,
хто ўсё разруліць, выдаіць грант...
Вось хто цяперака думкі гігант!

Ён здольны звышхутка ўсё разумець.
Ён можа на раз махануць рэзюмэ,
ў якім насьпявае харэем ці ямбам
заслугам сваім *стопіцот* дыфірамбаў.

Усьмешка на твары, зьмяя ў грудзёх.
Затроліць усіх. Засьцябае ўсё.

Вы скажаце, гэтак заўсёды было:
кидали понты, пілавалі бабло.
Магчыма, і гэтак, магчыма, і не...
Думаю, вы зразумелі мяне.

2015

www

колькі ўва мне
мяне
колькі ў табе
цябе
колькі ў нас
нас

хто зможа даць адказ
wer?
wo?
was?

• • ●

Зь юнацтва абвешчаныя геніяльнымі,
абвешаныя найвышэйшымі ступенямі
                                        параўнаньня,
зь непахіснай вераю ў сваю адметнасьць,
нясуць яны свой Дар,
нібы хрустальны сасуд,
баючыся расплёскаць ці разьбіць.
Здымаюцца, друкуюць, папулярызуюць,
атрымліваючы заслужаныя ўзнагароды
за свой вялікі ўнёсак у *Нашую Агульную Справу*.
Калісьці, разам з залікоўкамі,
прыносілі яны выкладнікам свае дэбютныя
                                          кнігі вершаў
з зарыфмаванымі дароўнымі надпісамі.
(Дарэчы, пілі яны зусім не кефір,
адрозна ад жаданаўскіх хароших
                                        маладых паэтаў.)
Ні літаркі нельга было зрушыць у іхных Вершах!
Ні кококосачкі, ні крокрокропачкі!
Божачкабарані.

Бязьмерна бязьверныя, празьмерна
                                          недаверлівыя,
назіраем за іх рухамі,
за гэтымі мімімішнымі пачэсваньнямі ПУЗаў.
Яны не сумняюцца ў святасьці
свае мімімісіі.

Назіраем.
Маўчым.
Увесь час сумняваемся.

2014

> ПУЗ — пачуцьцё ўласнае значнасьці.

МАРЫ ДОНА ХУАНА

калі прыхільнасьці не адсякаюцца
калі галава на плячах не трымаецца
калі трындзец пакрысе набліжаецца
ды пані фартуна ўсё не пасьміхаецца

калі не знаходзіцца слова да раніцы
калі дзеяслоўная рыфма... здараецца
калі ў танальнасьці не патрапляецца
ды штосьці гештальты не закрываюцца

калі час да горла прыставіў лязо
калі не зьдзьмуваецца пыл з абразоў

калі засталіся сябры *на грамадзянцы*
калі камандзіры – мудзілы й засланцы
калі заміж шыбаў між рамаў – сьцяна
каханьню хана
ды лайна дахрана
калі усе нычкі сатлелі датла...

калі мары дона
(ну, мары хуана)
пазбавілі веры ў сьветлае дно
і хочацца выйсьці ў вакно
(пагуляць)
памятай
       братка
              адно:

гэта ня наша вайна

    можаш ня верыць
    можаш злавацца
    можаш схавацца нібы паца-ваца
    можаш збух*а*цца
    і нават стырчацца
    можаш сысьці ў сваю палестыну
    скурчыцца скурвіцца згнісьці састынуць…
    ці Талянову параду згадаць
    простыя словы ўслых паўтараць
    (і чы, ні, сан, шы, го)
    do:
    ГЭТА. НЯ НАША. В*ЙНА.

як? палягчэла?
якое мне дзела?
цела пацела
цела балела
цела сядзела стаяла старэла
цела ляцела
(цела_ля_цела)
шалік – пятля
зацягнутая спакваля
voilà

2018

ПА-НАД

і толькі лянівы шчэ не рыфмаваў
                                         гераян / гераінь
і толькі цнатлівы шчэ не лекаваў сябе тым
што застаўся адзін
і самы маўклівы
насамрэч найболей шчасьлівы
і толькі праўдзівы
у стане знайсьці ў сабе дзіва
упарты нібыта Сідхартха
празрысты нібы Дхамапáда
увішны бы Вішну
у бойцы Каўрáваў
з нашчадкамі Пáнду

у стане ня пá-за
а пá-над

цы

ад сябе далёка не ўцячы
сонца скача зайчыкамі на плячы
нос казыча ранішняе капучы
на павестцы дня задача
перамагчы

не забыцца набыць літл-поні дачцэ
(сонца танчыць зайчыкамі на шчацэ)
кава распускаецца ў малацэ
за вакном сплываюць трупы ворагаў
па рацэ

ад сябе далёка не ўцячэш
покуль *цы* па целе крыху цячэ
не прысьпела пара дамоў на шчыце
пачакаем
        братка
                яшчэ

Вільня, 2015

ЧОРНАЯ СУТРА

той хто змог убачыць сябе па-за сабой
наўрад ці павядзецца на танныя коміксы
пра планету як вязьніцу
і канвой з анёла-ахоўніка за сьпінай
той хто меў патрыманую *бэху*
не перасядзе нават у новую *жыгу*
вытворчасьці тальяцінскага аўтазавода
той хто кахаў каралеўну
ніколі ня будзе жыць у законным шлюбе
з надзіманай гумоваю лялькай

На сыход Л.

З начы не працуюць вушы.
Усё перасохла да гландаў.
Нямая панылая вусьціш.
Радок – за глыток. Бяз гандлю.

Старыя птушыныя рухі
у рытм не патрапяць новы.
Рыфмы ліпнуць, бы мухі.
Вусны варушаць словы:

Забудзься, што мы казалі, –
памятай, што зрабілі.
Тыя, каго мы кахалі,
станчаць на нашай магіле.

Навечна захраслы ў горле
куплет без крыві ня выйдзе.
Сустрэнуцца Бусел Чорны
і *Orzeł Biały* увысі.

Забудзьцеся – што рабілі.
Памятайце – што казалі
тыя, каго вы любілі
й каму насамрэч сьпявалі.

Вільня. Верасень 2014

АБЛОКІ

Алесю Ю.

А недзе наверсе лятуць аблокі,
а дзесьці над шэрасьцю – ясны блакіт.
І цяжка паверыць, што з гэтай аблогі
ёсьць вызваленьне, што сыдуць сьнягі,
што новае неба па-над смугою
зазьзяе бурштынам сакавіка...

І – усьміхнецца ранак герою.
І ён усьміхнецца
ў адказ.

Студзень 2017

БЭТМЭН ВЯРТАЕЦЦА

Лісьце зь бязвыйсьця пад колы кідаецца,
клёны з праклёнамі ў шыбу ўзасмок.
Ляскае горад сталёвымі сківіцамі,
фары ўгрызаюцца ў чэзлы паўзмрок.

Бэтмэн вяртаецца з бэтлу пад раніцу
ў свой запляваны цёмны пад'езд.
Сьлізгае ў фортку дзеўчына-котка,
зрэшты, цяпер крыху не да яе.

Усё ў парадку. Айфон – на зарадку.
Піва ў лядоўню, крылы ў кут.
Выхапіць поўня надпіс няроўны
маркерам чорным:
FUKU NA ...KU!

Бэтмэн кладзецца ў ложак астылы
зь веданьнем пэўным: хутка гамон
прыйдзе рэжыму, й ні Джокер зь Пінгвінам
не ўратуюць, ні нкус, ні амон.

Сьпіце ж спакойна й вы, гараджане.
Волі сьвітанак не за гарой.
Цемра растане. Пасьпі й ты, кажане.
Хутка на працу,
супергерой.

2013

АБВЕСТКА

Прадаецца кватэра. Утульная. Хрушч. У цэнтры.
Два пакоі. Асобныя. Вокны выходзяць у парк.
Капрамонт, шклопакеты, санвузел сумесны. Цэньнік звышгуманны. І поруч – пошта, садок і ламбард.

Хто тут жыў? Ён, яна, двое дзетак, кудлаты сабака…
(Пачыналі удвох, ну а скончылі, вось, упяцёх.)
Ён быў муляр удзень, пэцкаў рукі, а ўвечары – вершы пісаў, небарака.
Мог да ночы. Яна ж працавала ў садку, што насупраць.
Такое жыцьцё.

Ёй былі даспадобы даўгія сюжэтныя вершыкі.
Ён любіў пасьпяваць Башлачова ды Цоя на кухні ціхутка.
Перад сном ёй пачытваў "Лаўца…" і "Забіць перасьмешніка".
Зрэдку – штосьці сваё, ды яна адключалася хутка.

Што яшчэ распавесьці... Цікавяць прычыны продажу? Ну якія? Знайшла яна іншага. Кажуць – сантэхніка, покуль першы быў на заробках (ці ў Горках, ці тое ў Валожыне). Прыяжджае – сюрпрыз. Ушасьцёх у хрушчоўцы цесьненька.

Прадаецца кватэра. Хрушчоўка. У цэнтры. Утульная. Капрамонт, шклопакеты. Словам, хутчэй званіце.
Дзе той муляр-паэт, цікавіць, цяперака туліцца?
Узяў сабаку кудлатага.
Кажуць, зьехаў у Піцер.

САШБАШ

> *Возьму и воскресну – то-то вам будет потеха.*
> **А.Б.**

Гэта калі бракуе паветра.
Гэта калі ў горле камяк.
Гэта калі на пяць кіламетраў
                               у бáку
і ў цэлым – таксама галяк.

Гэта калі прыкручаны ножкі
                             ложкаў,
калі
     голас захрас.
Гэта калі нібыта ў апошні
раз уваходзім у спальню штораз.

Страчаны сэнсы й рамсы паблытаны.
Ноч. У сутоньні тоне адказ.
Гэта ня мы – суткамі й літрамі.
Not with your prayers.
Not "Two of us".

Гэта ня мы малітвамі вашымі.
Гэта ня мы ў вашых шыхтах.
Гэта ня нас вы не заўважылі
ў ліку аб'ектаў вашых атак...
Чэрвень чарнее новымі стратамі.
Скончыўся джаз, вось жа, ня ваш.
Патасны пат
                упартае партыі.
Паліць у цёмную бездань
СашБаш.

○ ○ ●

   А.Р.

згубленыя ключы
калі?
сэрца-ківач
сэрца-вязьніца
людзі чужыя
як ты чужы
сьніцца
паэт-чужаніца

страты
паразы
па-за і па-над
разам
сьвятар і бажніца
вязень і блазан
бывай
вартавы
разам
званар і званіца
...

26.VIII.2021

ПРЫСТУПКІ
Незавершаны трыптых

1. БРАТЭРСТВА

З завязанымі вачыма,
у адным чаравіку
крочыш шляхам пілігрыма
паўзь няведаньня смугу.

Як народзіны – са сьмерці –
так і ў гэты дзіўны шлях
выправіцца той, хто сьцерці
зможа ў сабе цемры знак.

Упісанае ў трохкутнік,
рыхтык "саступі дарогу",
на твае глядзіць пакуты
перакуленае Вока.

Ўсе сьцяжыны пілігрымаў
ўрэсьце сыдуцца ў адну.
Тут бяз масак і бяз грыму
стрэнеш ты сваю радню...

Блізкіх – але не па веры.
Родных – ды не па крыві.
Зарыпелі глуха дзьверы.
Ты гатовы?
То – жыві!

25.III.2010

2. ПРАМОВА ТАРАШКЕВІЧА

"Да парадку, браты!
За фіранкамі самая поўнач.
У калюмнах пануе маўчаньне,
станьма ў ланцуг.
За фіранкамі ноч.
За дзьвярыма трывожна і цёмна...
Але сьветла у душах і цёпла ад поціску рук.

Час ісьці, захаваўшы ў таемнасьці нашу сустрэчу.
Разрываем ланцуг нашых рук,
але сэрцаў – ані.
Нас агорне смуга,
й цені гораду лягуць на плечы,
ды ў паходнях вачэй не загаснуць

                                        братэрства агні".

Пасьля бяссонае Ночы
будзе вялікі Дзень.
Божа, расплюшчы нам вочы.
Божа, дазволь нам глядзець.

Вільня, 25.V.1919

ПРЫСТУПКА 3-я

Покуль што не пераступленая.

ТЭХНІКА СПАЛЬВАНЬНЯ СТРАХУ

Ты сядаеш за стол,
не раздумваючы пра наступствы.
Быццам бы ракенрол
                            не памёр,
быццам добрая рыфма апраўдвае ўсе напісаныя тутака глупствы...

Быццам бы памяняць падфарціла
абрыдлае *гіры* на крылы,
быццам зьніклі з радару
абрыдлыя пысы ды рылы,

быццам словы знайшліся
і склаліся ў слушны радок.
Быццам Б-г
напісаў у зваротным
чаканае: "ок".

Час раскідваць бутэлькі
і час іх зьбіраць па дварах.
Час маўчаць і заплюшчваць вочы.
Час нявечыць малюнак
і спальваць астатні свой страх...

Ты сядай, але помні:
няможна ў тую ж страфу
ўскочыць двойчы.

    Гіры – **пачуцьцё абавязку** *(зь япон.)*.

Усеваладу С.

Няхай наўкол суцэльны *post* і *last*,
не пераймайся дужа, дружа.
Хай будзе *так*,
ня склеім ласт,
пакуль ёсьць рыфмы
ў нашых паэтычных ружжах.

АПОШНІ ВЕРШ ЗІМЫ

Ад словаў стаміўся.
Ад гэтай пустой валтузьні.
Ад шэрай сталіцы,
ад бесьперапыннай грызьні,
мітусьні,
ад беспантовай гульні...

Стаміўся ад сьмецьця
заспаны заспамлены голаў.
І, голы,
выходзіш на лютаўскі холад,
у горад,
дзе кожны бязрытмава б'ецца
ва ўласнай адчыненай клетцы.
Да сьмерці.

Адно застаецца –
сэрцу даверыцца.

II

ВЕРШЫ НА ВЕЦЕР

#з_хронікаў_розных_часоў

Калісьці даўно, у нейкім пазамінулым жыцьці, мною быў напісаны рыфмаваны тэкст, што пачынаўся радкамі: *я не паэта / о крый мяне матам / паэзія гэта спорт / паэзія гэта эстрада / паэзія гэта по(н)т / і нясьвежыя швэдры/ ня ведаю як каму / а мне тут бракуе паветра...* Ну і г.д. Кімсьці ён быў успрыняты ледзь не як творчы маніфест. Між тым тэксьцік быў выключна іранічны. Вядома, ніякім маніфестам ён ня быў. Ня быў ён ні выклікам, ні выракам. Ні рыкам і ні выбрыкам) Слова *паэзія* ў ім пісалася з малой літары і ў дзьвюхкосьсі (зрэшты, здаецца, усе словы там пісаліся з малой, вось жа, "паэзія" – з малой малой). Гэта была такая сабе забаўка, можа, лёгкі тролінг, спроба пагуляцца на чыімсьці полі...

Але чым ёсьць паэзія? *Нематываванымі актамі хараства*, як сказаў паэт? *Сумай немагчымасьцяў*, як сказаў Паэт іншы? *Яздой у нязнанае?.. Уводзінамі ў невымоўнае?..*

П. ствараецца не для кагосьці і не дзеля чагосьці. Не для плошчаў і не для прошчаў. Не для дзетак і не для каханых. Не для сябе самога, і ўжо дакладна не для Яе Самой. Як толькі пачынаюць шукацца гэтыя *дзеля* і *для*, матывацыі ды адрасаты, паэзія саступае месца позе. (Ці – прозе.) Вядома ж можна дапусьціць, што гэта адзін з найбольш дзейсных спосабаў прывядзеньня хаосу, што навокал, да гармоніі, але...

П. – гэта вершы на вецер.

(Ведаю, што ня ўсё з працытаванага казалася пра П. Але – і пра Яе. Чэснае паэцкае.)

СЫН

сунуць у фортку нос
нюхаць подых вясны
ведаць: за сьценкай сьпіць
сын

добрае слова: *сын*
ў сына растуць валасы
ведаць: цяпер глядзіць
сны

сын гэта я сам
ў сына забіты нос
бачыць за сьценкай сын
сон

нюхаць подых вясны
ведаць: за сьценкай сон
ведаць: забіты нос
лёс

GUNS N' ROSES

Танечцы

Падарожжа
на сьвежыя дрожджы
ды пад ранішні
жнівеньскі дожджык –
хіба штосьці шчэ можа быць лепш?

Чым далейшым
стаецца замежжа,
тым *від тебе*
ўсё меней залежыць
ды праўдзівейшым робіцца верш.

Кіламетры –
усё бліжай да мэты.
З кожным словам
далей ад мяне ты
(хоць насамрэч, насамрэч – бліжэй).

Ў падарожжы
ператворацца ружжы
у ружы,
непітушчы нават стане відушчым,
каб пасьля не заплюшчыць вачэй.

КАНТРАБАС

Калі зьнішчаны дарэшты
ўвесь забугорны кантрабас –
кракаўскія кілбаскі, віленскае вэнджанае сала,
слоічак харвацкіх аліваў,
апошні пачак аўстрыйскае кавы,
моцарткугель ды птушынае млечка...
Струшчаны пратэрмінаваны кавалачак дар-блю,
выпіта апошняя пляшка д'ютыкаўскага егермайстра,
спалена рэшта праскага абсэнту
(ня кажучы пра сьлівовіцу ды траварыцу)...
Калі шэнген скончыўся заўчора й наступны невядома калі прадбачыцца...
Тады –
агортвае разуменьне поўнага й беспаваротнага
                                              трындзеца,
які *Is Coming.*
Халоднае вечка цынкавага неба насоўваецца,
адкрываючы падабенства гэтага горада з дамавінай.
Сьнег, што густа абклаў наваколле,
набывае абрысы кратаў.
Бессэнсоўнасьць кіданьня вершаў на вецер
афармляецца ў аксіёму...

Тады нарэсьце разумееш,
колькі ж дзівосных месцаў ты яшчэ ня зьведаў
у роднай тваёй Сінявокай!

2018

ПРА ЛЮБОЎ

я кармлю праз акно галубоў
дробна пашаткаваным батонам
я кармлю не таму што любоў
больш няма пакрышыць на каго

у мяне ёсьць дзьве коткі і рыбкі
трое дзетак у рэсьце рэшт жонка
мне стае цеплыні і пяшчоты
каб хацелася зранку ўставаць

хтосьці скажа хлапец я някепскі
што старанна выконваю справу
можа хтосьці нат вершык пахваліць
(я ахвотна паверу яму)

на халеру ж мне лішнія рухі
адчыняць запацелыя вокны
рэзаць хлеб і крышыць яго птушкам
што загадзяць суседскі карніз?

далібог я ня маю адказу
але перш як пасьнедаць самому
перш як рыб улагодзіць і котак
(а пра жонку мы лепш прамаўчым)

дастаю днушку ножык і бохан
рытуальна пагруквою бляхай
і сустрэўшыся позіркам з птахам
прамаўляю: *здароўкі, чувак!*

PAUSE

Суботні ранак.
Раптам –
та-дам –
званок у дзьверы.
На расслабоне
іду адчыняць
(сам у халаце, жонка ў шорціках).
Гляджу ў вочка:
стаіць дзяўчо.
Вочы ў падлогу.
"Прабачце, можа,
у вас якіясь
прадукты ёсьцека?"
"Зараз, – кажу, – пачакай, зірну..."
І перад носам дзвярыма – плясь
(нейк, камандор, машынальна, ну).
Крочу на кухню.
Жонка хвалюецца.
"Хто там?"
"Ды-ы, гэта... дзяўчо..."
(Жонка хвалюецца два.)
"Чо?.."
Хутка выходзіць і хутка вяртаецца.
(Дзьверы таксама на гэтым баку.)
"Памперсаў просіць,
маці яе нарадзіла нядаўна, кажа".
Дастае макароны, нейкія крупы, кашы...
Пакуем усё па пакетах.
Моўчкі. Аператыўна ды зладжана.
Выходзім на лесьвіцу.
Яна стаіць. Тая ж пастава...

Дзякуе і сыходзіць.
Тытры, уласна.
Жыцьцё працягваецца
(хтосьці з *pause* націснуў на *play*):
пошук аўто ды кавамашыны,
запіс старэйшай да артадонта...
Словам, дэдлайны,
рэжым цэйтнота,
які не стрымаць, не спыніць,
тлум, мітусьня, трывожнае шчасьце.
Толькі дзяўчо ўсё у тамбуры
ў вочку –
ці уваччу? –
стаіць...

Пятыя содні доўжыцца вайна.
Варта палегла першаю,
пасьпеўшы паслаць
сігнальны фаерверк
рэшткамі сьняданку
паўз рот і нос.

Штодня вы атрымоўваеце зводкі
зь месца ваенных дзеяньняў.
Мяркуючы па колькасці лейкацытаў,
што зьявілася ў ранішнім баявым лістку,
апошнія сілы дэмабілізаваныя і кінутыя ў бой.
Моладзь і дзеці…

Учора на вайсковай нарадзе
было вырашана ўвесьці цяжкую артылерыю –
трэці антыбіётык.

Пятыя содні маленькае схуднелае цельца
змагаецца.
Пятыя содні ты глядзіш, як яго ліхаманіць.
На пятыя содні, працершы пыл з абраза,
кладзесься з малітваю.
Каесься ва ўсім зьдзейсьненым і нязьдзейсьненым
(у гэтым жыцьці
ды ў ранейшых).
Абяцаеш выправіцца, заняцца дабрачыннасьцю,
не заглядацца на тых, хто дзеля гэтага створаны,
et cetera, et cetera...

Твайму хлопчыку
10 месяцаў.
І ты просіш у яго дараваньня
за тое, што (нрзбр.)
і літасьці.
Сыне, застанься, нам яшчэ так шмат чаго трэба абмеркаваць з табой.

Проста запомні гэта
як мага надаўжэй.

2009

⚪ ⚫ ⬤

шпіталь ветэранаў вав
вяртушка на выхадзе
вертухайкі
ў калідорах
маладзенькія
(нават сэксі –
па кантрасьце)
абслугоўваюць
ветэранаў вайны ды працы
як дайсьці да буфета
дзе прыёмны пакой
дзе знаходзіцца бібліятэка
грэбліва-ветліва
адказваюць
мухам-назолам
ад якіх патыхае мылам
але
па ўсім
не высакароднай
     заслужанай
        старасьцю

ЦЕЛА ВОСЕНІ

вочы сьлязяцца
вусны крывавяць
ногі брыдуць па шашы
жабкамі лісьце пера-
                      бягае дарогу
гіне пад коламі
неба раскола-
                тае
больш ня вабіць
                ня кліча

ў горадзе восень

у чорных пакетах
бы расчлянёнку
ўздоўж тратуараў
павыстаўлялі
каб чумавозы
цела яе
зьвезлі на сьметнік
хопіць гістэрык
хопіць цытатаў
вечнае смагі
новых сусьветаў
досыць пісаць
                і чытаць
                      і закошваць пад знаўцу...
проста х...ва
але не з прычыны
нейкай канкрэтнай
пэўнай ці поўнай

проста
даўно
    не было
        сьнегападу

Суправаджальны саўндтрэк:
Pink Floyd. *Come In Number 51, Your Time Is Up*.

MR. FLOOD

містар тамбурын
місіс рабінзон
капялюш стары
новы парасон
бедны маласэн
добры мапасан
мёртвы кім ір сэн
свежы круасан
вечны керуак
рэзрух у мазгах
хлопчык бананан
шчэ радок і ў бан
чакаляды смак
мандарыну пах
на каляды цуд

dear mister flood

НЯБЕСНАЯ ПАСТВА
(ПРАДЧУВАНЬНЕ)

У чароды зьбіраюцца словы,
бы у вырай афінскія совы.
Гэта сьнежань махае крылом,
бы нябесны канвойны жазлом
салаўям невядомай вучоным пароды.
У прыроды заўчасныя роды
(так бывае у сьнежні заўсёды).
Ў Валінор адплываюць чаўны.
Гэта тэма для новай вайны.
Адлятае нябеснае брацтва
падалей ад абрыдлага рабства.

То – бывай,
срэбнакрылая паства.
То – ляці,
маё дзікае птаства.
Маё белае птаства.

● ● ●

горад – суцэльны корак
горад – сапраўдны хорар
горад завецца Гамора
горад завецца Мордар
горад канае ад смагі
горад – логава Смáўга
горад атручаны смогам
горад хаваецца ў змроку
горад тоне ў манé
ў быкаўскім туманé
ў кінгаўскім туманé
у тумане Манэ
горад зрывае голас
горад галёкае: гооолем
тут хаваецца Голум
тут гаспадарыць гоблін
гораду сьняцца горы
горад чытае Орўэла
горад-бярлог-пячора
фота ў вакне-маніторы

горад – скрынка Пандоры

Восень. Пісаць лісты.
Восень. Паліць масты.
Восень. Глядзець у прыцэл.
Восень. *Baileys* & дзэн.
Восень. Аб шыбы біцца.
Восень – бажніца ці шыбеніца?
Восень. Схавацца ў лісьці.
Восень. Прасіць аб літасьці.
Восень. Скрыпень ды Боб.
Восень. Лі Бо і Рэмбо.
Восень. Мёд ды імбір.
Восень. Віскі & *beer*.
Восень. Паліць лісты.

Восень, сёстры й браты!

○ ○ ●

пацягнуўся па аловак
каб падкрэсьліваць хібы
ў тваім зборніку вершаў
але зьбег ад мяне аловак
высьлізнуў з пальцаў
даў нырца пад канапу
толькі асадка ў зоне дасяжнасьці
ды нататнік –
той самы
куды цяпер занатоўваю...
а мог жа перакрэмзаць
твой зборнічак
пападкрэсьліваць стылёвыя неахайнасьці
розныя цапстрыкі ды брынду...

пашэ-энціла табе даражэнькая
гэтым разам

◌ ◦ ●

У менскім гатэлі "Мінск" –
шырачэзныя лесьвічныя пралёты.
Вось цікава,
ці прыходзіла ў галаву таму,
хто вынайшаў выраз "лесьвічны пралёт",
асацыяцыя з апошнім палётам паэта?
Таксама цікава,
ці прыходзіла ў галаву адказнага
за грамадскую бясьпеку
менскага гатэля "Мінск"
аналогія з маскоўскім гатэлем "Масква",
калі ён разьвешваў сеткі-гамакі
між лесьвічнымі пралётамі?..

Менскі гатэль "Мінск" –
ідэальнае месца
для правядзеньня паэтычных фестываляў.

14.II.2020

● ● ●

неда-

      сканалы

           верш

Ня блытайце героя лірычнага з аўтарам,
нават калі ў іх адзін творчы метад.
Блытаць ня варта фюрэра з фатэрам,
нават калі вы прапісаны ў гета.
Ня блытайце турызм з эміграцыяй, сябры,
як раяць змагары.

> *а ў бары, бары*
> *ўдзень – авадзень*
> *увечары – камары*

кінуць вечны плач
кпіны бульбасрач
памяняць ландшафт
завяршыць гештальт

> *а ў б**а**ры, бар**ы***
> *заселі гапары*
> *гэй, гэй, гэй-гэй*
> *барбары ў нары*
> *гэй, гэй, гэй-гэй,*
> *бабарыбары*

Красавік 2020

РЫБАЦКАЯ НАДЗЕЯ

Рыбацкая надзея
ня чэзьне, не марнее,
ня гасьне на дажджы,
ад ветру не дрыжыць.

Рыбацкая надзея
з гадамі маладзее,
ня сьлепне ад сьляпня,
шаршня ды авадня.

Рыбацкая надзея
у цёплым глеі млее
ці дрэмле пад карчом
двухкілевым ляшчом.

Рыбацкая надзея
пільнуе далячынь.
Шапоча чаратамі
ды срэбнымі хвастамі
паблісквае ўначы.

На кончыку плыўка,
ў трываласьці садка,
у тэрмаску зь пярлоўкай
да першае паклёўкі...

Яна жыве датуль,
жывы рыбар пакуль.

Пасьпець зваліць ад бытавухі,
пакуль ня зжэрла нас ушчэнт.
Паслаць дэдлайны ды цэйтноты,
забіць на дэбет і працэнт.
Ў багажнік спальнікі й намёты
закінуць. У салон – сям'ю...
(Глядзі, Кутузаў, не паблытай!)

Па плешку газу, і туды,
дзе зь неба зьнічкі й жалуды,
дзе вышывае неба руны
на чорнай роўнядзі вады...
Дзе каля вогнішча начоўкі,
дзе *ветах, зорнае вясло*,
дзе сьняцца усю ноч паклёўкі
(хай клёву й блізка не было).
Дзе будзе *згадвацца як шчасьце*
той на паўкілі шчупачок.
Дзе... Зрэшты, досыць. Выбачайце.
Пайду спакоўваць плецачок.

○ ◦ ●

котка чакае лета
калі павязуць на лецішча
і будзе крычаць у дарозе
у прадчуваньні шчасьця

татка чакае лета
дзе будуць звычайныя цуды
заўсёдныя летнія цуды
татка наладжвае вуды
перабірае снасьці
у прадчуваньні...

Насьця
таксама чакае лета
летам у Польшчы сяброўка
летам намётавы летнік
а там начныя вандроўкі
і процьма прыгодаў у іх
і роварныя выправы
ды іншыя важныя справы
Насьця чакае лета
вядома ж болей за ўсіх

Маці чакае лета
калі прывязуць котку
што будзе крычаць у дарозе
калі прывязуць дзетак
Даніка, Яну, Тусю,

Сашу, Дзімона, Насьцю
што будуць глушыць колу
што будуць дурыць голаў
што будуць дарыць...

Дачцэ

палова мае́ душы
зь іншага боку мяжы
едзе на пары ў аўтобусе
зь Дзёньнікам Спаркса ў торбачцы

мерзнуць вушкі ды нос
шалік і той зьмёрз
усаджана ў неба спацелае
вежы ігла зьледзянелая

Вяльля спакваля бяжыць
плывуць над гарой Крыжы
палова мае душы
зь іншага боку мяжы

а з гэтага боку мяжы
з дахаў растуць ледзяшы
горад твой сьнегам занесены
мармыча маркотную песеньку

пра сон зваяваных князёў
пра эру *крывавых дажджоў*
пра рэха бетонных пліт
пра наш неадольны сплін
пра вусьціш ды немату
ды ну яе тую пліту

палова мае душы
зь іншага боку імжы
пад віленскім ветрам дрыжыць
і хукае на далонькі

гляджу ў вакно на сьнег
ратунку няма ў сьне
часьцінка мае душы
маё залатое бяссоньне

• • •

Кожная падабайка для паэта –
бальзамам на сэрцайка,
слоўцам ласкавым котачцы,
глыточкам ратавальным алканаўту,
напасікам растаману,
пінгам імгненным геймеру.

Вось табе падабаечка,
паэтык ты наш, мля,
пэцкаль хрэнаў,
нудыст-вуарыст...
Давай, фігач яшчэ,
абы здаровенькі.
Пра рыбалку, напрымер,
ці пра закат красівы шрайбані нам вярша.
Толькі ў рыфму,
бяз гэтых вашых выдручваньняў навамодных!
Ну і фотачку прыкладзі абавязкова
з котачкамі
ці з закатам красівым.
На, лаві, чо нам, шкада?..

37-Е ЛЕТА

Расти, борода, расти...
БГ

Пракрочвае міма мяне
трыццаць сёмае лета.
З-за плоту даносяцца енкі
безгалосых манкуртаў.
І вось мае крылы і воск,
а вось мая клетка.
Пад "сьпеў" гэты курчацца рэшткі
Віці, Ягора і Курта.

Гадую сваю бараду-бараду-бараду
ад дубару,
рудую сваю бараду
гадую.
Струну нацягну,
выйду з ступару і прарасту
сярод флуду.
Збудую сьцяну,
дацягнуся да тых, хто ў вежы жыве і ня ведае гэтага бруду.

Крочаць-крочаць паўз мае сны
партызанкі вясны
прадвесьцем вайны.
Крочаць сьляпыя кентаўры з гітарамі,
рок-дыназаўры. Прабоіны ў аўры.
Хочуць сурочыць,
сусед караочыць,

як тут пераночыць
да заўтра?!
І вось мае крылы і воск,
малітва і вось –
пагарда.

Гадую...

Жнівень 2018

III

РУЖЫ
&
РУЖЖЫ

#з_хронікаў_[да]ваеннага_часу

ВІРАСАНА

Мяжа незваротна пяройдзена.
Ззаду дыміцца разлом
між тым, што (закрэсьлена) ~~Родина~~,
і тым, што (капслокам) – ЛАЙНО.

Донца глядзіцца ў ваконца.
Вядзём з апраметнай стрым.
Тралейбус "Дразды – Маконда"
чакае ў дэпо старым.

Палае нябесная лесьвіца.
Як даводзіў Хрыстос,
дзеля таго каб узьнесьціся,
ня варта ўзрываць хмарачос.

Як даводзіў Сідхартха,
прыхільнасьці – гэта зло.
Сядзі ў вірасане па хатах
ды сузірай разлом.

Зноўку камусьці патрэбныя
гэтыя песьні-рэпіты.
Хтосьці ліе кулі срэбныя,
нехта
       тчэ пояс шахіда.

МЫ

ад таго што наўкола
няпроста ня страціць розум
словы рэжуць горла
па сэрцы ідуць барозны
пацукі ванітуюць
іх човен трасе
але здрыснулі з борта
далёка яшчэ ня ўсе...

можа моцныя ды сьмелыя
ўсе
закапаны ў полі.
бел-крывава-белыя
душы
равуць ад болю.
выбух. сьвятло.
ціша.
і... новы гук.
гэта недакладна але
нараджаецца пацук...

жывіцца праклёнамі хцівы некрамант.
у белых палітонах стратэгі.
шах і мат.
ружы нашыя
ператворацца
ў ружжы раптам.
нават херувімы тут
размаўляюць матам...

гэтыя радкі імаверна
начынены тратылам
ключык залаты
Тартыла
зьела ды забыла.
гэтыя радкі, верагодна,
прапітаны напалмам.
моцныя ды сьмелыя
мы
пераможам малпаў.

Жнівень 2020

● ● ●

сьнежка за сьнежкай
лепяцца строфы
ды патанаюць у студні

ці-іхая ноч
дзікая ноч
вые прастуджаны студзень

горад стаіўся
горад ня сьпіць
скурчыўся ў карцарнай клетцы
зоркі мігцяць
нары рыпяць
ные бетоннае сэрца

чорная пятніца
зноў нараджаецца
ў спохватках шэрае раніцы
гопнікі сьпяць
сьпяць змагары
месяц гайдаецца на ліхтары
рухнуць муры
не спыняемся!

Лістапад 2020

мой горад –
            рэжымны аб'ект
мой двор –
            рэжымны аб'ект
мой дом –
            рэжымны аб'ект

са сьмецьцеправоду цікуе ціхар
палкоўнік-сусед чакае ліста
анучы трапечуцца на вятрах
чаканьне дастала-
лалалала
краіна ў кра́тах
краіна ў крата́х
сюрпрызаў ня будзе?
тут кроў
тут страх
тут тахкае сэрца зь берцамі ў такт

тут гаўнавоз?
катафалк?
а*тазак?
стаіць пад пад'ездам
keep calm and good luck

adliha is coming
кажаш?
ну так

усё нездарма
ўсё – не дарма
рухне сьцяна
ваша зіма
наша – вясна!

мой горад – рэжымны аб'ект
мой двор – рэжымны аб'ект
мой дом – рэжымны аб'ект
мая кватэра – рэжымны аб'ект
мая галава?..

Лістапад 2020

○ ● ●

Анатолю Х.

Сьнег занёс дарогі ды парогі,
сутарэньні, бусы ды астрогі,
саркафаг ды пляц кастрычніцкі,
фелікса й "палац" пішчалаўскі...

Сьветла так – хоць вока выкалі.
Цёмна так, бы ў першы дзень, калі
Бог сьвятло ад цемры аддзяліў.

Горад наш пад покрывам смугі.
Скрозь акупацыйныя сьнягі.
Чып і Дэйл шыбуюць да ракі.
Па дварох курсуюць варанкі...

Безьмяжак разгортвае свой сьцяг.
Айзенгард узьняўся на касьцях.
Неба набрыняла ад тугі,
цяжка ціснуць хмары-абцугі.

Я табе лістую з-за сьцяны.
Прывітаньне, цёзка дарагі.
Шчэ крыху – й дацягнем да Вясны.
Шчэ крыху – й пабачаць павукі:
горад – наш
і нашыя палкі.

• • •

Не гасі ліхтара у вакне,
калі нават у сэрцы імгла,
калі ўсё у густым тумане,
не гасі у вакне сьвятла.

Не гасі у вакне ліхтара,
калі нават вайна у вакне,
калі ў сэрцы імгла і страх.
Не гасі ліхтара.
Для мяне.

● ● ●

расчалавечваньне пачынаецца са страху
згубіць цёплае месца клятчасты плед
упэўненасьць у заўтрашнім дне
(і навошта вам тая вера ў заўтрашняе дно?)
расчалавечваньне пачынаецца зь бязвер'я
(гагарын далятаўся пушкін дапісаўся а ты сам думай
                                            залатавокі капернік)
зь дзіцячага стакгольмскага сіндрому
(нават калі да дзіцяці й не прылятае карлсан
                                            зь піпі на сьпіне)
яно пачынаецца з садка, школкі, піянерскага летніка
(дзе тваё сумленьне? на булачку прамяняў?)
з разуменьня што сюжэты чатыры
меркаваньні два
а пекла гэта іншыя
з казуістычнай нумаралогіі з кабалістычнай казуістыкі
з усяго гэтага бажавільнага клікунства падмацаванага
                                            стагоддзямі адзіноты...

расчалавечваньне пачынаецца з роспачы
калі на сеймах старэйшыны горада
зноў абвяшчаюць імя новай нявесты для цмока
а за вітражнымі вокнамі боўтаецца цела ланцэлота
рамесьнікі ўжо складаюць бізнэс-планы
                                            на наступны сезон

*раз*чалавечваньне *два*чалавечваньне *тры*
чарапахі ўсё цягнуць і цягнуць выцягнуць ня могуць

● ● ●

перарэзаныя лёсы
перакроеныя жыцьці
перабітыя імёны
й закатаныя ў асфальт
перакручаныя словы
ператрушчаныя гукі
зацугляныя пачуцьці
і забітыя амаль
усё меней тут паветра
усё болей тут атруты
у халуйскіх сытых пысах
рабалепства тупасьць страх
абылганыя прарокі
зацкаваныя героі
толькі душы не задушыш
толькі думкі

н е я к   т а к

Чэрвень 2017

ПЯШЧОТА

Ахіне,
ад любое бяды
абараніць,
суцешыць,
загоіць.
Праз заслоны,
замкі,
праз глухія муры
даляціць яе шэпт,
яе голас.

Уратуе,
схавае,
закрые сабой,
захіне у абдоймы,
атуліць
сваіх дзетак-каточкаў
самотнай парой.
Залатая.
Сьвятая.
Матуля.

○ ◦ ●

ці патрэбная бажніца
каб маліцца

ці патрэбная званіца
каб заваліцца

ці патрэбная дурніца
каб жаніцца

ці патрэбная гарэліца
каб зьняверыцца
?..

НЕЗАКОНЧАНАЕ ТРЫВАНЬНЕ

Трываем.
І ў трываньні гэтым мы адзіныя.
Трываем
бацькоў, выхавацелек-настаўнікаў-*прэпадаў*,
начальнічкаў-самадураў,
мужоў і жонак
[...].
(Хацеў быў дадаць «і сябе»,
але ня буду, падрэ.)
Трываем,
і трываньне нашае ахвярнае.
Верым,
што цярплівасьць і пакорлівасьць сёньня
падораць нам супакой у далейшым.
І чым болей трываем,
тым болей кішачак сваіх
накручваем на кола сансары.
У выніку Шэрлак
так і ня кідае паліць,
а мы без паяльніка ў дупе
ўжо ня можам.

не зламаныя і ня зломленыя
як бы нелюдзі ні люцелі
вашы нары і хаты намоленыя
вашы шнары стыгматы на целе

спатыкнецца голас аб вырак ды
у паглядах ня будзе жаху
не пабачаць спагады вырадкі
калі *іх* павядуць на плаху

горад замазаных сьцен
горад забаненых слоў
горад замкнёных вачэй
горад зашытых ратоў
горад замазаных слоў
горад замкнёных ратоў
горад забаненых сьцен
ты не чакай*
перамен

* ...але – набліжай!

○ ○ ●

Ірэне Г.

Перахрысьці канверт,
перахрысьці скрыню.
Ён даляціць, павер,
не прападзе, ня згіне.

Нават калі слата
зноў агарнула душы.
Нават калі гапата
цісьне, трушчыць і душыць.

Ён даляціць, павер,
паўз замкі і праз краты.
Паўзь бетонны бар'ер.
Паўз драты й казематы.

Ў Полацак і Магілёў,
ў Жодзіна, Гомель, Ветку,
ў Воршу, Гародню, Шклоў –
з волі чаканая вестка.

У скляпеньні тугі,
у адсекі надзеі...
Празь сівыя сьнягі.
Праз парсекі завеі...

Вейна, Бабруйск, Ваўкавыск,
Берасьце ды Навасады.
Горкі, Мазыр, Дзяржынск,
Віцьба й Пішчалаўскі замак...

Сэрцам перахрысьці
і пакладзі ў скрыню.
Покуль ляцяць лісты,
не прападзем,
ня згінем!

∘ • ●

калі цямрэча разьвеецца
калі палонныя вернуцца
калі камякі пракаўтнуцца
калі галасы прачнуцца...
калі памяняюцца месцамі
шыбенікі й вешальнікі
калі перастанем баяцца
гэтых нясьмешных паяцаў...
словам надыдзе калі
тое сьвятое "калі" –

ў сусьвеце нічога ня зьменіцца
законы быцьця не абрынуцца
лесьвіца зь неба ня скінецца
кола сансары ня спыніцца
але
калі цемра разьвеецца
калі ўсе нашыя вернуцца
сонца загляне ў ваконца
і закаркуецца донца
адгэтуль і назаўжды
вось тады

○ ◦ ●

пакуль цябе не забралі
пасьпей пазваніць сваёй маме
покуль цябе не схапілі
покуль цябе не спалілі
покуль ня стане позна
покуль ня прыйдзе позва
пакуль не прыйшоў гамон
пакуль не пачаўся шмон
покуль цябе не схапілі
покуль не забаранілі
покуль цябе не забанілі
пасьпей пазваніць маме
покуль не запакавалі
покуль не ўкрыжавалі
покуль скуру ня зьдзерлі
драўляны бушлат не надзелі
не этапавалі пакуль
не закатавалі пакуль
пакуль не пусьцілі кулю...

тэлефануй
           матулі

ULTIMA THULE

Калі ноч накрывае бязмоўны прыдушаны горад,
бы бусьліха – ад ліха – крылом ахіне гняздо,
выпаўзаюць празрыстыя цені са сховаў і нораў
ды блукаюць па вулках пустэльных бяз гуку й сьлядоў.

Хто яны, тыя выпаўзкі ночы, – празрыстыя
                                            дэманы-спаркі?
Вальдэморта ці Саўрана шыза-калматая раць?
Дэпрэсіўная навалач, душы бадзяжных сабакаў?..
Хто іх кліча навонкі і што прымушае блукаць?

Можа, Ктулху Вялікі іх цягне з прадоньняў каменных?
Мо крывавы карбункул падняўся зь няміскіх віроў?
Ці падземныя коньнікі клічуць Рамана ў дваццатым
                                            калене?
Толькі кажуць, што бачылі іх ля Плябанскіх Млыноў...

Дзе курган векавечны глядзіць на гасьцінец
                                            бяссонны,
дзе шукае прытулку самотная здань млынара,
дзе разрэзвае ночы пранізьлівы вокліч князёўны
і ня можа знайсьці супакою пракляты атрад.

Курапаты, Вялейка, Лагойск, Чэрвень, Рудзенск,
                                            Барысаў,
Лепель, Віцебск, Бягомль, Валожын і гэтак далей.
Dol Guldur, Ліхалесьсе... Адвечная *ultimae* рыса.
Колькі шчэ неаплаканых неадсьпяваных касьцей?..

Калі горад бяссонны агорне смугою ды ценем.
Калі выпаўзуць здані са шчылінаў і тайнікоў, –

у равах ды лагчынах *пасьцеле ім ночка пасьцелі*.
Дай ім, Божа, спачыну.
І дай ім вярнуцца
дамоў.

Ultima Thule – **апошняя мяжа** (лацінскае выслоўе).
Сягоньня ў рышт*ках*, каля крам пасьцеле ім ночка пасьцелі **(Язэп Пушча).**

SCRIPTA MANET

ці тое ты склеіш ласты
ці тое падчысьціш пасты
ці станеш ахвярай падкаста
ці – донарам для капіпасты
з прэтэнзіяй на наратыў

накрэмзанае застанецца
у рэху прагорклых радкоў
раструшчылі сэрца
сьмярдзючыя берцы
паслухай лукрэцы
і гэта мінецца
сказаў быў адзін далакоп

свабода – ня ваша заслуга
а толькі наш недагляд
чакае дупу папруга
чакае пужлівага пуга
і забіцьцё – немаўлят

паэту пакрыўдзіць лёгка
паэта – штучны тавар
спрадвечная лёгіка
далёкія – лёгкія
а блізкія...
поўны засквар
пакуль тут пісаліся вершы
нібыта было лягчэй
люты закошваў пад сьнежань
не зачыняліся межы
менш забівалі дзяцей...

колькі шчэ засталося
стафу ў гэтых мяхах
колькі трываньня
колькі каханьня
колькі...
ды ну яго нах

PS

накрэмзанае застанецца
на сьнезе крывавым мазком
агульнае месца
сэрцу даверыцца
і – рэху
вандроўных радкоў

MIDNIGHT COWBOY

зноўку ў галовах *бардак*
зноў у галовах рэзрух
сотнікаў ты ці рыбак
невырашальны рэбус

карлас ты ці дон хуан
летаў ягорка ці грэбень
карлсан або свантэнсан
рэмба? рэмбо?
рэбус

мёртвым дагэтуль баліць
мёртвым дагэтуль помсьцяць
тыя хто тут былі
зь лёхаў нема галосяць

будзе астатні бой
будзе… на страшным судзе…
змрочны паўночны каўбой
тых хто ня сьпіць
абудзіць

Вільня – Менск

Мова – мая ахова.
Мова мая – мой сьцяг.
Мова мая – мой гонар.
Мова мая – мой шлях.
Мова мая – зброя.
Мова – мая вайна.
Мова мая – мроя.
Мова – мая віна.
Мова мая – шанец.
Мова – стрэл ва ўпор.
Мова – таемны Ружанец.
Мова – дзядзька Рыгор.
Мова – мая малітва.
Мова мая – таўро.
Мова – няспынная бітва.
Бітва са злом.
На злом…

Мову маю
пад канвоем –
ў жоўты пясочак,
расстрэльны роў.
Мова
пад ботам маёра.
Меты на карках
маркерам карнікаў.
Меты на целах
ад ног гапароў…
Мова мая – вызваленьне
з карцара, з клеткі, са змроку, з турмы.

Разам
падняцца з каленаў.
Разам
чакаць пераменаў.
Мова мая –
мы!

● ○ •
L.

той хто гукаў Мір
хто набліжаў Сьвятло
дзе твой мундзір
камандзір
маршальскае жазло

не называць імя
здраднікам *non premia*
ад віны да віна
ад відна да радна

скрозь каламуту дзён
скрозь дажджы ды імжу
крочыць цэнтурыён
за сьвітаньня мяжу

там на апошняй мяжы
віцязь у жыце ляжыць
скрозь імжу і дажджы
ад віны да вайны

скрозь імжу і дажджы
зноў прарастуць спарышы
не называць імя
здрайцам жа *non premia*
той хто гукаў Сьвятло
хто набліжаў Мір
скрозь каламуту дзён
крочыць твой батальён
крочыць твой
легіён

PS

ПЛЫВЕ КАЧА...

Гэй, плыве кача па Тысыне,
плыве кача па Тысыне.
Мамка ж мая, ня лай мяне,
мамка ж мая, ня лай мяне.

Гэй, злаеш мяне ў злу часіну,
злаеш мяне ў злу часіну.
Сам ня знаю, дзе загіну,
сам ня знаю, дзе загіну.

Гэй, загіну я ў чужым краі,
загіну я ў чужым краі.
Хто мяне там пахавае?
Хто ж мяне там пахавае?

Гэй, пахаваюць чужы людзі,
пахаваюць чужы людзі.
Ці ня шкода, мамка, будзе?
Ці ня шкода, мамка, будзе?

Гэй, як жа мне, сыне, ня шкода?
Як жа мне, сыне, ня шкода?
Ты ж з-пад майго сэрца родам,
ты ж з-пад майго сэрца родам.

Гэй, плыве кача па Тысыне,
плыве кача па Тысыне.

*Украінская лемкаўская народная песьня,
пераклад з украінскай*

НЕВЯЛІЧКІ ДЫСКЛЭЙМЕР ДЛЯ ТЫХ, ХТО ЛЮБІЦЬ ЧЫТАЦЬ КНІГІ З КАНЦА

Гэты зборнік меўся зьявіцца раней. Выданьне кнігі з назвай «Вершы на вецер» было анансаванае аўтарам у адной зь літперадач на ютубе ўвесну 2020-га (дасьведчаныя літаратары ведаюць: рабіць гэтага катэгарычна няможна, прынамсі, да моманту здачы кнігі ў друк). Існавала тады такая завядзёнка – ладзіць культурніцкія праекты праз краўдфандынг, так бы мовіць, талакой. Была зробленая рэдактура, абдумваліся спосабы прасоўваньня. Але даволі хутка тут сталася не да кніг вершаў...

Між тым яны, вершы, працягвалі пісацца, і здрадзіць ім азначала б здрадзіць сабе.

У 2021-м годзе ўжо новая назва і новая задума кнігі пагрукаліся ў паэтава... куды там звычайна грукаюцца задумы новых кніг. Адна цудоўная мастачка зрабіла вокладку для зборніка «Ружы & ружжы» (аднайменнаму вершу, дарэчы, больш за дзесяць год, але назва яго раптам актуалізавалася, хіба што «&» памянялася на «vs»).

У кнізе «Непрамо(ў)ленае» тры разьдзелы. У нейкім сэнсе гэта тры розныя кнігі, хаця й прынцып разьмяшчэньня тэкстаў тут толькі часткова храналагічны.

Адабраныя вершы – такі падзагаловак. У ім некалькі сэнсаў. Гэта і выбранае-абранае з напісанага за дзесяць гадоў. Адобранае *(сэрцам?)* да друку. Зь іншага боку, адабраныя – гэта і тыя вершы, што не патрапілі ў кнігу. З прычынаў розных, і ня толькі праз «брак якасьці». Так, даволі сумнеўны для творцы занятак – наступаць на горла ўласнай песьні. Суцішваць творчае эга дзеля... Зрэшты, часам тое можа прывесьці і да станоўчых вынікаў. У кожным разе, кніга гэтая магла б быць таўсьцейшаю прынамсі на адну паэму ды тузін вершаў, за якія нясорамна. Магчыма, у гэтай іх непрамоўленасьці – і знак часу, і кон. Няхай паляжаць. Да лепшае пары.

Перш як перайсьці да падзякаў, – неабходная рэмарка адносна правапісу. Вось жа, правапіс, гэтак жа як і ў ранейшых кнігах аўтара, – *рэфармаваная дзеясловіца*.

Аўтар шчыра дзякуе людзям, якія бралі ўдзел у падрыхтоўцы гэтае кнігі –

Алесю Дуброўскаму і *Натальлі Русецкай* за ўважлівае чытаньне і каштоўныя заўвагі;

Зьмітру Шылу за дапамогу ў распрацоўцы макета вокладкі;

Ігару Іванову ды выдавецтву *Skaryna Press* за гэтую магчымасьць.

Асобная падзяка дарагой дачцэ *Яне* за цярплівасьць і каханай жонцы *Тацяне* – за падтрымку і веру!

Дзякую.

ЗЬМЕСТ

I. ТЭХНІКА СПАЛЬВАНЬНЯ СТРАХУ

Захавацца 7
Эпікрыз 8
Белая багіня 10
Сінявокая 11
Ранішняя прабежка 12
Ня той паэта 14
www 15
***Зь юнацтва абвешчаныя................... 16
Мары дона Хуана 18
па-над 20
цы 21
чорная сутра 22
***З начы не працуюць 23
Аблокі 24
Бэтмэн вяртаецца 25
Абвестка 26
СашБаш 28
***згубленыя ключы 29
Прыступкі. Незавершаны трыптых 30
Тэхніка спальваньня страху 32
***Няхай наўкол 33
Апошні верш зімы 34

II. ВЕРШЫ НА ВЕЦЕР

Сын 37
Guns N' Roses 38
Кантрабас 39
Пра любоў 40
Pause 41
***Пятыя содні доўжыцца вайна 42
***шпіталь ветэранаў вав 45
Цела восені 46
Mr. Flood 48

Нябесная паства 49
***горад суцэльны корак 50
***Восень. Пісаць лісты 51
***пацягнуўся па аловак 52
***У менскім гатэлі "Мінск" 53
***недасканалы 54
***Ня блытайце героя 55
Рыбацкая надзея 56
***Пасьпець зваліць 57
***котка чакае лета 58
***палова мае душы 60
***Кожная падабайка 62
37-е лета 63

III. РУЖЫ & РУЖЖЫ

Вірасана 67
мы 68
***сьнежка за сьнежкай 70
***мой горад 71
***сьнег занёс 73
***Не гасі ліхтара 74
***расчалавечваньне 75
***перарэзаныя лёсы 76
Пяшчота 77
***ці патрэбная бажніца 78
Незакончанае трываньне 79
***не зламаныя 80
***горад замазаных сьцен 81
***Перахрысьці канверт 82
***калі цямрэча 84
***пакуль цябе не 85
Ultima Thule 86
Scripta Manet 88
Midnight Cowboy 90
***Мова – мая ахова 91
***той хто гукаў Мір 93
Плыве кача 94
Невялічкі дысклэймер 95

Анатоль ІВАШЧАНКА

Нарадзіўся ў 1981 годзе ў Менску. Скончыў філфак БДУ (беларускае аддзяленьне) і асьпірантуру пры Інстытуце літаратуры НАН Беларусі. Кандыдат філалогіі.

Ад 2003 года і да высяленьня арганізацыі з Дома літаратара працаваў у Саюзе беларускіх пісьменьнікаў (кіраўнік спраў). Выкладаў беларускую мову ў БНТУ (2006–2012). Ад 2004 года – супрацоўнік часопіса «Дзеяслоў».

«Непрамо(ў)ленае» – яго трэцяя паэтычная кніга. Перад ёю былі «Вершnick» і «Хай так».

Аўтар манаграфіі «Паэтыка Алеся Разанава: між медытацыяй і рацыяй».

Фіналіст конкурсу Беларускага ПЭН-цэнтра імя Натальлі Арсеньневай (2003), лаўрэат прэміі «Залатая літара» (2005), пераможца літаратурнага конкурсу імя Аляксандра Уласава «Экслібрыс» у галіне нон-фікшн (2014), лаўрэат літаратурнай прэміі «Дэбют» імя Максіма Багдановіча за кнігу прозы «Анаталогія» (2015).

Вершы перакладаліся на ангельскую, баўгарскую, грузінскую, летувіскую, нямецкую, польскую, расійскую, французскую, а таксама ўсходне-эльфійскую мовы.

Жыве.

www.ingramcontent.com/pod-product-compliance
Lightning Source LLC
Chambersburg PA
CBHW030308100526
44590CB00012B/562